L'ÉCOLE DE LA MESURE

ET DES INTONATIONS

LEÇONS-CALQUE

pouvant servir de premier Solfège

POUR

les jeunes Enfants

PAR

Mme CH. LEBOUC-NOURRIT

en 4 Livres

Chaque 2f net.

Paris, imp: Saimé, Rue du Renard

Mesure à 2
1 2   1 2   1   2   1 2   1 2   1   2
(7)
Ecrire le nom des notes en Clef de Fa.
Mettre les barres de mesure.
Fa
Do Ré Mi   Sol La Si Do
L.N.2.

Ecrire le nom des notes en Clef de Fa.
(7 bis)
Mettre en valeurs
L.N.2.

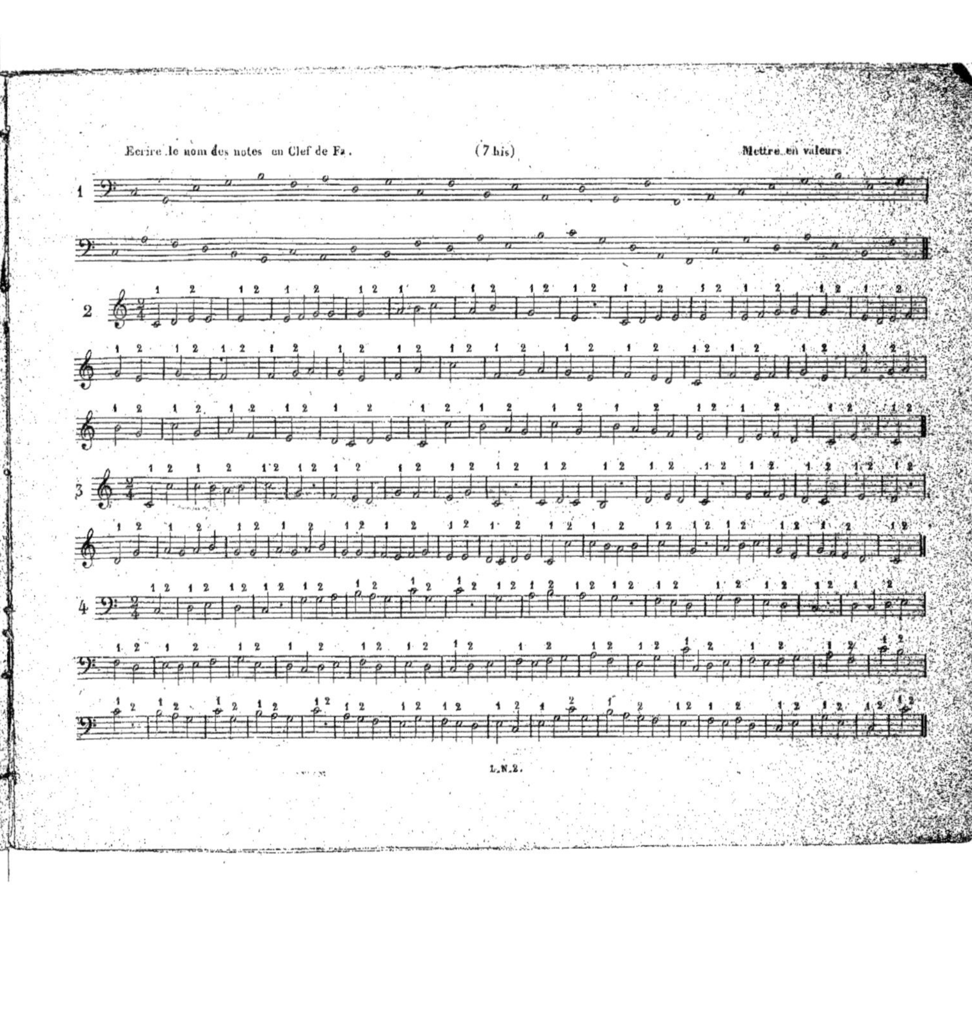

Mesure à 4 temps avec dièzes.
(8)
Mettre les barres de Mesure.
L.N.2.

(8 bis)

Mettre en valeurs.

1

2

3

4

L.N.2.

Mesures à 4 temps avec bémols.
(9)
Mettre les barres de mesure.
L.N.2.

Mettre en valeurs

Mettre la lettre **C** ou **D** sous les demi-tons chromatiques ou diatoniques marqués par des tirets aux N.ºs 1 et 3.

L.N.2.

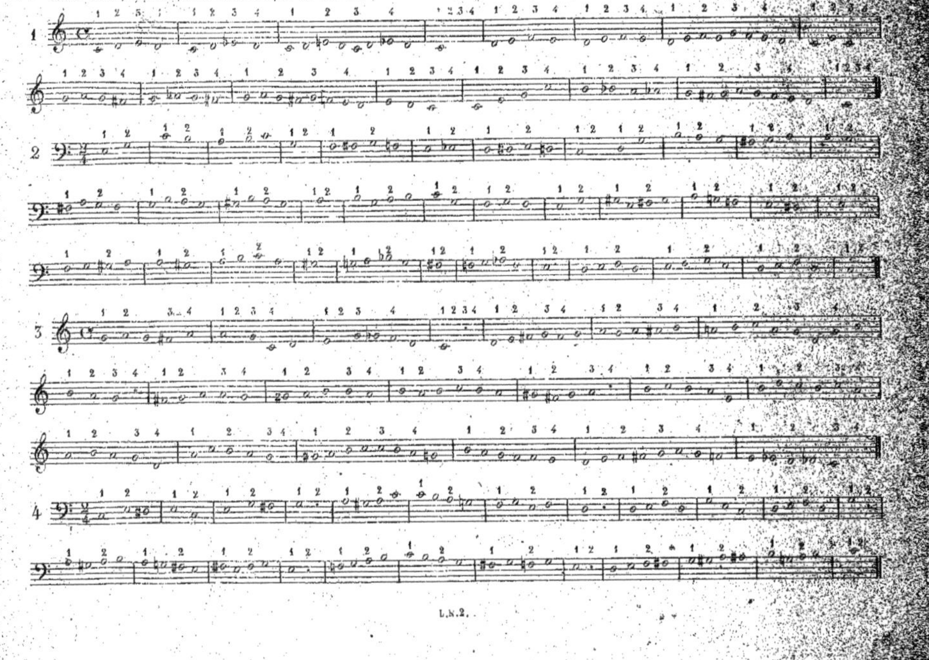

Marquez d'un tiret les demi-tons diatoniques
des N.os 1 et 3, et les dispositions chromatiques des N.os 2 et 4.
(10 bis)
Mettre en valeurs.
L.N.2.

Mesure à 3 temps. Point.
(11)
Mettre les barres de mesure.
Exemple
1
2
3
4
L.N.2.

(11 bis)
Mettre en valeurs.
L.N.2.

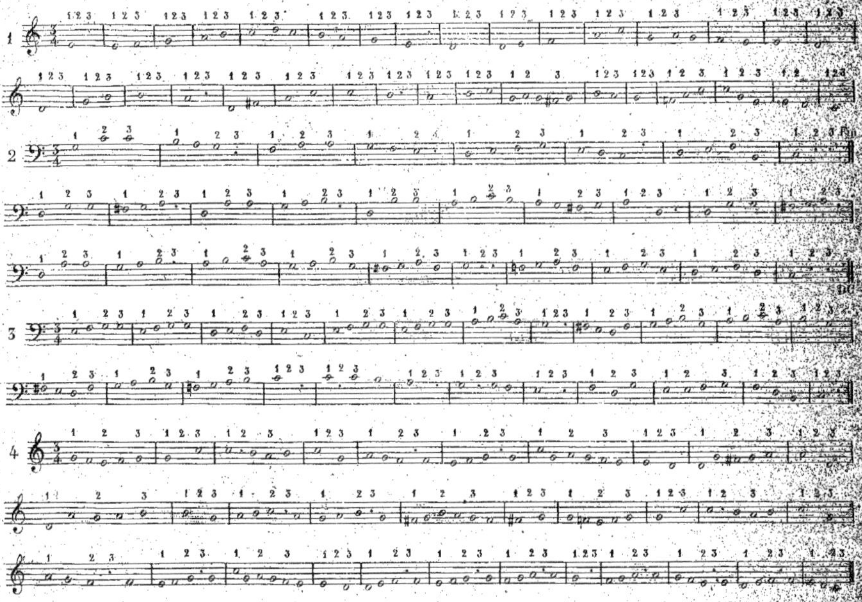

Changements de mesures .
(12)
Mettre les barres de mesure .
L.N.2.

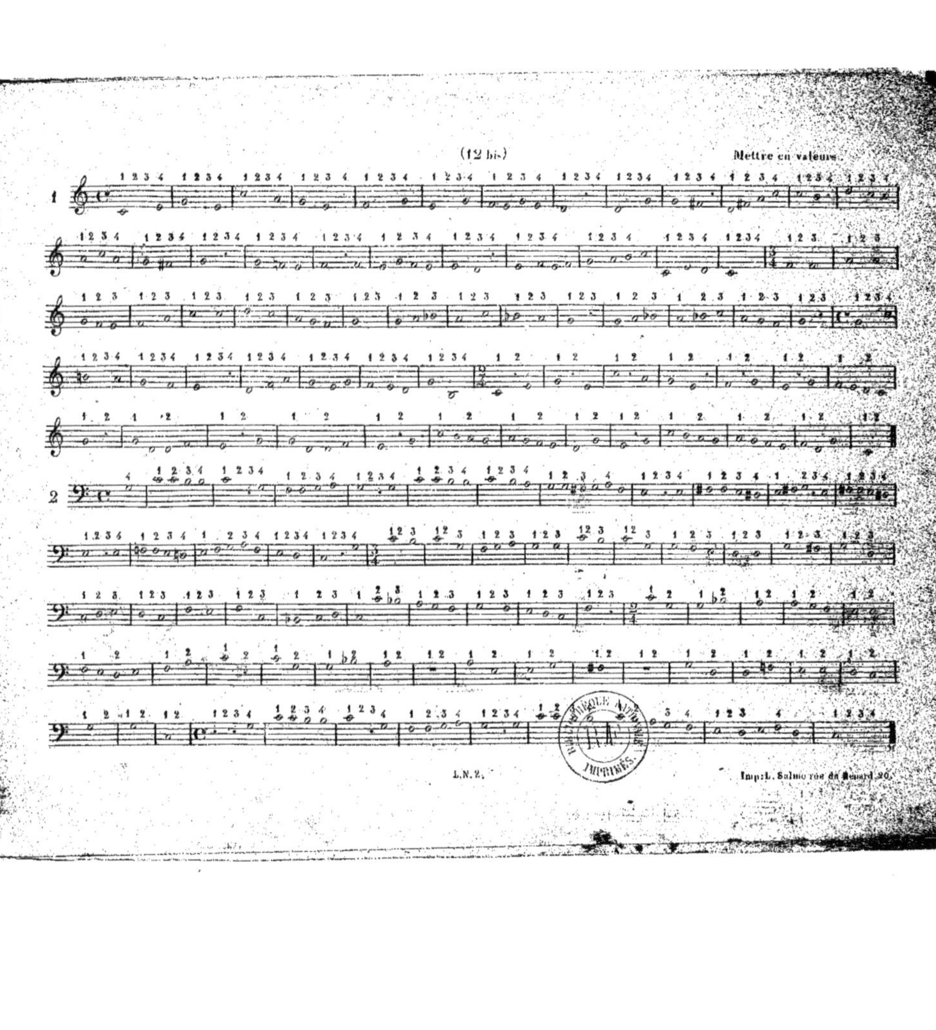
(12 bis)
Mettre en valeurs.
1
2
L.N.2.
Imp: L. Salmon rue du Renard 30.